郭良原 ◎ 编

德兰修女 嘉言录
Mother Teresa

图书在版编目（CIP）数据

德兰修女嘉言录 / 郭良原编. —
深圳：海天出版社，2015.1
ISBN 978-7-5507-1249-2

Ⅰ.①德… Ⅱ.①郭… Ⅲ.①特里萨修女（1910~
1997）–语录 Ⅳ.①B979.935.1

中国版本图书馆CIP数据核字(2014)第292904号

德兰修女嘉言录
De Lan Xiu Nü Jia Yan Lu

出 品 人：陈新亮
责任编辑：徐丹娜
　　　　　梁　萍
策划编辑：于　辉
责任技编：蔡梅琴
装帧设计：蒋南松
插　　图：勾　特

出版发行：海天出版社
地　址：深圳市福田区彩田南路海天综合大厦518033
网　址：www.htph.com.cn
邮购电话：0755-83460397
印　刷：深圳市新联美术印刷有限公司
开　本：787mm×1092mm　1/32
印　张：6.125
字　数：105千
版　次：2015年1月第1次
印　次：2015年2月第1次印刷
定　价：26.00元

名人谈德兰修女

她就是联合国，她就是世界和平。

——联合国前秘书长加利

对于那些曾经为她的无私奉献而感动的人来说，德兰修女将永远活在他们心中。

——英国女王伊丽莎白二世

这是全人类的损失。在建立国际和平与公正、友爱平等的世界秩序中，我们将深深地缅怀她。

——南非前总统曼德拉

德兰修女给全世界数以百万计的孤儿和弃儿带来了爱和希望。

——美国前总统克林顿

她留给我们的祈祷和声音，是不分国界的，是超越了宗教和信仰的。

——法国前总统希拉克

她的一生都在为病人、被遗弃的人、没人关怀的人、流浪的人、垂死的人，以及那些内心饥渴的人——这些穷人中的穷人服务。

　　她把她的一生献给了穷人中的穷人。

　　她怀着非凡的爱，却做着最微小的事情。

德兰修女简介

德兰修女（1910～1997，又称做特蕾莎修女、泰瑞莎修女）的本名是艾格尼斯·刚察·博加丘（Agnes Gonxha Bojaxhiu），她是一个出生于奥斯曼帝国科索沃省斯科普里（前南斯拉夫联邦马其顿共和国的首都）的阿尔巴尼亚裔人。父亲尼格拉（Nikolla Bojaxhiu）是成功的地方杂货承包商，母亲名为Dranafila Bojaxhiu。她是小女儿，上有哥哥和姐姐（姐姐后来也成为修女）。她们在家中说阿尔巴尼亚语，是天主教家庭，她所居住的镇上有很多穆斯林和基督徒，仅有少数的天主教徒。

德兰修女很少提到她的童年生活，但她曾说，在12岁加入一个天主教的儿童慈善会时，她就感觉自己未来的职业是要帮助贫寒人士。15岁时，她和姐姐决定到印度接受传教士训练工作。随后，她进了爱尔兰罗雷托修会，并在都柏林及印度大吉岭接受传教士训练工作。三学期后，德兰修女正式到了印度的加尔各答，在圣玛莉罗雷托修会中学担任教职，主要是教地理。1931年，德兰正式成为修女，1937年5月更决定成为终身职业修女。20世纪40年代初期，德兰修女在圣玛莉罗雷托修会中学担任校长一职，但印度当时贫富差距非常大，校内一片安宁，校外却满街都是无助的麻风患者、乞丐、流浪孩童。1946年9月10日，德兰修女到印度大吉岭的修道院休息了一年，并强烈地感受到自己要为穷人服务，返回加尔各答后，她向当地的总主教请求离开学校和修会，但一直得不到许可。

　　1947年东巴基斯坦脱离印度独立，加尔各答涌入了数以万计的难民，大多数都是印度教徒，霍乱和麻风病失控，在街头巷尾爆发开来。于是加尔各答的街头越来越像是地狱，折磨着德兰修女的心。她不断向总主教以及梵蒂冈教廷请求，1948年，教皇庇护十二世终于同意德兰修女以自由修女身份行善，并拨给她一个社区和居住所，让她去帮助有需要的穷人。德兰修女马上去接受医疗训练，并寻找帮手。1950年10月，德兰修女与其他12位修女，成立了仁爱传教修女会（Missionaries of Charity；又称博济会），并将教会的修女服改为印度妇女传统的莎丽，以白布镶上朴素的蓝边，成为博济会修女的制服。

有一天，德兰修女要到巴丹医院商量工作，在靠近车站的广场旁，发现了一位老妇人倒在路上，像是死了一般。德兰修女蹲下来仔细一看：破布裹着的脚，爬满了蚂蚁，头上好像被老鼠咬了一个洞，残留着血迹，伤口周围满是苍蝇和蛆虫。她赶紧替老妇人测量呼吸及脉搏，似乎还有一口气。于是，她赶走苍蝇，驱走蚂蚁，擦去血迹和蛆虫。德兰修女心想，如果任老妇人躺在那里，必死无疑。于是她暂时放弃了去巴丹的行动，请人帮忙把老妇人送到附近的医院。医院对这个没有家属的老妇人不予理会，但医师在德兰修女的再三恳求下，便替老妇人医治，然后对德兰修女说："必须暂时住院，等脱离危险期后，再找个地方静养。"德兰修女把病人托给医院后，立即到市公所保健所，希望能提供一个让贫困病人休养的场所。市公所保健所的所长是位热心的人，他仔细听完德兰修女的请求后，便带她来到加尔各答一座有名的卡里寺院，答应将寺庙后面信徒朝拜的一处地方免费提供给她使用。但受到印度教区婆罗门的强烈反对，理由是德兰修女不是印度人。然而德兰修女不畏反对，依然在街头抢救许多临危的病患到收容所替他们清洗，给他们休息的地方，其中也包括印度教的僧侣。此举感动了许多印度人，于是反对的声浪就渐渐地平息了。

自从找到这个落脚点后，不到一天的时间，修女们就将30多个最贫困痛苦的人安顿了下来。其中有个老人，在搬来那天的傍晚即断了气，临死前，他拉着德兰修女的手，用孟加拉语低声说："我一生活得像条狗，而我现在死得像个人，谢谢了。"

　　光靠德兰修女及其他修女救助全加尔各答的垂死者是不可能的，但德兰修女有她自己独特的看法，她认为人类的不幸并不在于贫困、生病或饥饿，真正的不幸是当人们生病或贫困时没有人伸出援手，即使死去，临终前也应有个归宿，这就是德兰修女对垂死者的爱。

　　这所名副其实的贫病、垂死者收容院终于在1952年8月正式成立。当时，在入口处挂着一块牌子，上面写着"尼尔玛·刮德"，孟加拉语的意思就是"静心之家"。

　　7年后，德兰修女的"仁爱传教会"分别又在新德里和兰奇设立了两座这样的垂死者收容院。

　　20世纪60年代，德兰修女的收容院在加尔各答成为知名的地方，街头生病、需要帮助的患者都知道这个能够让他们安息的地方，收容所开始急速成长，因人手不足，开始招募世界各地的义工，透过义工的口口相传，也打开了世界的知名度。1969年，英国记者马科尔·蒙格瑞奇拍摄了一部以德兰修女为线索人物的纪录片《Something Beautiful for God》。片中反映出的收容院和印度街头惊人的贫穷和无助，以及德兰修女决定终身侍奉最贫穷者的精神，让许多人相当感动，也让德兰修女变成了世界名人。

1971年，教皇庇护十二世颁给德兰修女"Pope John XXIII"和平奖；同年的肯尼迪奖也颁给了她。此外，德兰修女还获得1975年Albert Schweitzer国际奖、1985年美国总统自由勋章、1994年美国国会金牌、1996年美国名誉公民和许多大学的名誉学位。1979年12月10日，德兰修女获诺贝尔和平奖。当时，她拒绝了颁奖宴会和奖金，媒体问及她："我们可以做什么促进世界和平？"她回答："回家和爱您的家庭。"

后人赞她：她把一切都献给了穷人、病人、孤儿、孤独者、无家可归者和垂死临终者；她从12岁起，直到87岁去世，从来不为自己，而只为受苦受难的人活着……

1983年，德兰修女到罗马拜访教宗约翰·保罗二世时，心脏病第一次发作。1989年心脏病第二次发作时，她接受了人工心脏的安装，1991年从墨西哥拜访回来之后，得了肺炎，健康状况日趋恶化。于是，她向博济会提出辞职，理由是她已无法像其他修女一样全天候照顾病患。在修会的秘密投票下，其他修女和修士都投票希望德兰修女留在博济会领导她们。

1997年3月13日，她退出了博济会。4月，德兰修女跌倒并伤到锁骨。8月，接受了心脏再移植手术，但健康并没有好转。同年9月，87岁的德兰修女逝世，印度为她举行了国葬。

目录 | **Contents**

贫穷与穷人

穷人也有尊严，也有在这个世界上生存的权利。

贫穷并不仅仅意味着渴求面包，它更多意味着对人性尊严的强烈渴望。我需要去爱，对某个人发出关爱。然而，正是在有关爱的事情上，我们经常会犯下过失，漠视他人的痛苦和需要。我们不仅看不到穷人对面包的渴望，还认为他们毫无价值，听任他们被遗弃于街头。当我们这样做时，我们就否定了他们的人性尊严，即他们原本也是上帝的儿女。

我们当然没有权利来论断富人。就我们来说，我们所希望的不是充满了阶级斗争的社会，在这样的社会里，富人帮助穷人，穷人也帮助富人。

当我们能够向那些饥饿者提供食物的时候，向那些赤身裸体者提供衣服的时候，向那些生病者提供药物和照顾的时候，向那些无家可归者提供住所的时候，我们都应该将这看成是基督赐予我们的良机，让我们可以借此来服侍他，因为这些不幸者就是他的化身。

我们知道，贫穷首先意味着需要面包吃，需要衣服穿，需要房子住。但此外还有更大的贫穷，这种贫穷意味着被遗弃、冷落和忽略，没有任何人关注的心灵需求。

我们真的知道这些穷人吗？我们知道在我们的家中就有穷人吗？也许他们并不渴求面包，也许我们的孩子、丈夫、妻子并不饥饿，没有赤身裸体，也没有失去家产，但你敢肯定地说，没有人感到被遗弃、缺乏爱吗？你年迈的父母亲有这种感受吗？要知道，被遗弃是最可怕的贫穷。

我们需要记住：穷人并不需要我们的同情和怜悯，而是需要我们的帮助。如果我们这样做，他们给予我们的，就会远远超过我们给予他们的。

我们寻找的穷人可能住在我们的附近，或者在远方。他们可能是物质贫困，也可能是精神贫困。他们可能渴望面包，也可能渴望友谊。他们可能需要衣物，也可能需要拥有上帝之爱的富足感。他们可能需要砖混房屋的遮蔽，也可能需要在我们心中得到一个庇护所。

我被授予诺贝尔和平奖的原因之一是因为穷人，然而这个奖却超越表象。事实上，它唤醒了全世界对于贫穷的良知，成为一种提醒，告诉我们穷人是我们的手足，我们有责任以爱对待他们。

当有人在饥饿和贫困中苦苦挣扎的时候，富人便没有权利独自支配自己多余的财富。

饥饿并不单指食物，而是指对爱的渴求。赤身并不单指没有衣服，而是指人的尊严受到剥夺。无家可归并不单指需要一个栖身之所，而是指受到排斥和摒弃。除了贫穷和饥饿，世界上最大的问题是孤独和冷漠。孤独也是一种饥饿，是期待温暖爱心的饥饿。

为了服务穷人，我必须要住在穷人中间。不这样做，则无异于背弃我的信仰。

除非你过贫苦者的生活，否则你如何了解他们？如果他们对食物不满，我们可以说我们也吃同样的东西；如果他们说热，我们也一样热；他们赤脚走路，我们也是；他们只有一桶水，我们也是；他们排长队，我们也排；我们只有降低自己，才能升高他们。如果我们用行

动证明，我们其实也可以和他们过一样的生活，那么，他们就会向我们敞开心灵。

穷人的伟大是事实，他们教给我们许多美好的习惯。也许他们缺吃少穿，甚至没有一个家，但他们都是伟大的人，可爱的人。我们必须知道他们是可爱的人，伟大的人，然后我们才会去爱他们。

贫穷是你和我的创造，是我们拒绝与人分享的结果。上帝没有创造贫穷，他只创造了我们。如果我们没有能力放弃贪婪，那么，这个问题将永远得不到解决。

我们是否以同情怜爱的眼光看着穷苦的人？他们不只渴求温饱，他们也渴求一份做人的尊严。他们渴望别人把他们当作人来对待，希望别人以对待我们的方式来对待他们。他们渴求我们的爱。

　　我们的工作不只是帮助穷人，我们更要把光和喜悦送给那些正在受苦的人。

　　今日世界最严重的疾病并不是肺结核和麻风病，而是被讨厌、被忽视、被遗弃的感觉。当代最大的罪恶不是别的什么，而是缺少爱与慈善，是对街角正遭受痛苦、贫乏、疾病伤害的人们，所表现出的可怕的冷漠。

　　绝对不要让任何人，尤其是你身边的人，感到孤单及不被爱，这是所有疾病中最糟糕的疾病。

　　如果我们背弃穷人，就等于是背弃基督。如果我们伤害穷人，就等于是伤害基督。我们的穷人是伟大的，他们需要我们的尊重，也需要我们的爱与重视。

　　如果你没有同穷人一起生活过，不能与他们分苦同味，你就不可能真正了解他们，至于爱，那就更谈不上了。

理性地认识贫穷，并不等于已经了解了贫穷。在书中寻找贫穷的根源，去贫民窟走一趟。或惊讶，或同情，都不能够帮助我们了解贫穷以及认识它好的和坏的方面。我们必须做的，是投身进去，和它同活，和穷人同担。

在这个地球上，仍有许许多多贫困、羸弱、痛苦的人。我们不能忘记这些人，不能只追求自己的幸福。

贫困的人是非常了不起的，他们绝不会骄傲，不会欺骗人。贫困的人都拥有感谢的心，善良的心。愈是贫困的人，愈能忍受贫困。贫困的人不会摆大架子，不会排挤他人，不会欺骗他人，对人客客气气。如果未曾和贫困的人一起生活的话，实在无法体会到他们的这些美德。

我们的穷人需要的不是同情和怜恤，而是爱心和同感。但是我们必须知道，他们是可爱的人、伟大的人。

不被需要，不被爱，不被关心，为众人所忘记，我认为是最大的饥渴，是一个极大的贫穷，这个比没有饭吃，来得更可怜。

贫苦者物质上与精神上所有的贫乏与不足，都必须得到救赎，我们必须与他们一起分担。因为只有与他们合而为一，我们才能救赎他们。

我在那些被遗弃者身上看见耶稣。所有的人间疾苦都是基督身上的凄凉薄衣，如果弃穷人于不顾，也就是弃基督于不顾。事实上，我们接触穷人时，也就是在接触基督的身体。当我们给穷人食物、衣物、居所时，我们所做的一切，也就是做在那饥饿、赤身露体、无处容身的基督身上。

为世界上所有穷人工作，无论是奉献金钱，或是赠送礼物，都是在为主工作。为主工作的人将永远快乐、幸福。

这些濒临绝境的穷人，无论在物质上还是在精神上，都同样匮乏，亟待救赎。我们必须和他们一起分担痛苦，才能将神带入他们当中，也将他们带到神的面前。与受苦共存共生的，乃是喜乐。

今日，各国都在忙着保卫自己的疆土，消耗金钱与能源。但是，在自己的本国，生活在贫民窟中的人，怎

样贫，怎样苦，人们大都不知道。假如各国把国防经费用在保护这些人民，假如各国照顾穷人的饮食、住处和衣物，我想，这个世界就更幸福了。

请你们将今天的欢乐分送给所有的贫困者，我们的工作不只是帮助穷人，我们更要把光和喜悦送给那些正在受苦的人。我们不只是要和穷人一同生活，更要成为传送快乐和爱心的使者。让喜悦像阳光一样照耀这个世界吧！只有喜悦和爱心才能消除这个世界的贫困和病痛。

有时当最穷困的人体悟到我们中有许多人关心他们、爱他们，我们会见到喜乐又回到他们的生活里。甚至即使他们有病，健康也会因此得到改善。

不管谁是穷人中最穷的，对我们而言，他们就是基督，是隐藏在受苦人外貌下的基督。

对爱饥渴，他凝视着你；渴求仁慈，他向你乞讨；渴望忠诚，他寄望着你；在患病和狱中想得到友谊，他想从你这儿获得；无家可归想在你心中避难，他请求你，你要成为接待他的其中一个吗？

以一颗纯洁的心去爱，去爱每一个人，特别去爱穷人，即是二十四小时地祈祷。

穷人是非常了不起的人，他们能教我们许多美好的事。

每个国家都有穷人。在某些国家，精神上的贫乏更胜于物质上的。这种精神上的贫穷包括了孤独、沮丧和失去了生活的意义。

爱与被爱

不论你看到的是仇恨，还是毁灭，都要相信爱。

要相信爱，无论你遭遇到了什么，是仇恨，还是毁灭？是被抛弃，还是被掠夺？无论你遭遇到了什么，都要相信，一切都会消逝，爱会留下来。

我们真的认识身边的人吗？我们认识他们吗？我们知道他们需要我们的爱吗？

人类缺少爱心是导致世界贫穷的根本原因，而贫穷则是我们拒绝与他人分享的结果。

每个人，无论衣衫多么褴褛，形容多么悲惨，他们都是隐藏在痛苦面具下的上主。为表示我们对上主的爱，我们必须对每一个人都表示出亲切的关怀。

我渴，不只是缺少饮水，而是渴望和平与正义；我饿，不只是缺少食物，而是需要爱与被爱，需要精神生命的粮食；我赤身露体，不只是需要衣服，而是更渴望人的尊严；我无家可归，不只是因为没有陋室，而是更渴望他人的理解、支持和一颗明白爱护的心。

喜悦是爱，喜悦是祈祷，喜悦是力量。上帝喜爱那些怀着喜悦给予的人，如果你怀着喜悦给予，你将会给得更多。一颗喜悦的心来自一颗燃烧着爱的心。爱之功亦即喜悦之功。快乐不需探寻：若以爱待人，旋即得之。

最重要的是，垂死的人必须受触摸，被拥抱，即使是在生命的尽头，也必须让他们感到仍然有人在爱他们。

在我看来，个人才是重要的。要爱每一个人，我们就必须与他亲密接触。假如我们要凑足一定的人数才开始工作，我们就会迷失在数目里，而无法全面照顾和尊重个人。

让喜悦像阳光一样照耀这个世界吧，只有喜悦和爱心才能消除这个世界的贫困和病痛。

祈祷付诸行动即是爱，爱付诸行动即是服务。

爱是没有界限的，人种、民族、国家、语言和信仰，这些都不应该成为一种限制。只要有爱，就能够成为父子、兄弟和姐妹，就可以生活在同一个屋檐下。最最重要的，就是是否有爱，而不是别的什么。

你也许会因为侍奉而精疲力竭，甚至过度疲劳，但是，除非你在工作中融入了爱，否则它就是无益的。缺乏爱的侍奉就是奴役。

世界上有许多人渴望着一小块面包，却有更多的人渴望着一点点的爱。

我只要求你们一件事，看看你们身边，如果在你的家里看见贫苦的人，那么，就从家庭开始爱，付出微笑，付出时间给身旁的人，直到感觉痛苦——真正的相爱，是一定要付出代价的。

我们真的认识身边的人吗？我们认识他们吗？我们知道他们需要我们的爱吗？我们知道吗？如果我们真的认识他们，我们就会看见，在我们身边，有很多人正被孤独和寂寞所困，他们被我们忽略、遗忘，乃至摈弃，正在成为生活中新一类的穷人。而他们可能就在我们家里，在我们身旁。我想，这些都是你和我必须知道的。

每个人都需要爱。每个人都必须知道有人愿意与他为伴，知道他在上帝眼中是重要的。不要去远方寻找上帝，他不在那里，他就在你的身边。

能够彼此真正相爱的人，是世界上最幸福的人，而我在最贫困的人身上看到这份爱。他们爱自己的子女，爱自己的家庭，他们虽然贫乏，甚至一无所有，但他们却是快乐的。

要对你们的妻子、丈夫、孩子和颜悦色，面露笑容。不管你在对谁，都要和颜悦色——这样做会使你们彼此更加相爱。

爱之功亦即和平之功。每当你与人分享你的爱，你将觉察到，和平已然来到你们身旁。

我们常常无法做伟大的事，但我们可以用伟大的爱去做些小事。

在我们的家庭里，我们不需要枪炮弹药进行破坏，或带来和平；我们只需要团结起来，彼此相爱，将和平、喜悦和活力带回家庭。这样，我们将能战胜世界上现存的一切邪恶。

我们提倡"爱从家庭开始"，这并不是要看我们做了多少事情，而是要看我们在做的过程中融入了多少爱。

也许我们并不为生活发愁，但是如果我们审视一下自己的家庭生活，就会发现，有时候，家人之间相互微笑也是件不容易的事。那么，就让我们从相互微笑来开始我们爱的传播吧。爱是实实在在的情感，需要实实在在地付出。

爱源于家庭，爱在家庭中成长。今天的世界，人们缺乏的就是这份爱，这也正是人类痛苦和悲伤的根源。

爱不能有所预期。如果你预期回报，那就不是爱。做多做少并不重要，重要的是你在所做的事上投入了多少的爱。

不要对人有所评断，评断别人不是爱的表现。

如果我们爱的信息被收到，它就需要被送出去；要让灯火燃烧，我们就必须继续添油进去。

当你对人微笑时，那就是爱，是给人的礼物，一件美丽的礼物。

爱不是一种抽象的、某些人的专利品和奢侈品，它是每一个人的责任。虽然我们每一个人做的工作和领受的神恩不一样，但都蒙受同一的召唤去创造一个美丽的世界。因为上主爱得广阔高深就在我们生活的世界里。

用你的眼睛去观看，用你的脚去走路，用你的心去爱人。

爱不是赞助，慈善不关怜悯，而在乎爱。慈善与爱是一样的——你由慈善献出爱，因此别只是给钱，而是要伸出你的手。我们的手何其温暖。

上帝让我们有资格服侍我们在世上的邻人，就是那些在穷困和饥饿中生与死的人。借着我们的手，给他们日常的粮食，借着我们的爱，给他们平安和喜乐。

在穷人中施爱，能使我们彼此接近，尤其能使我们接近穷人。我们彼此接近，便更能认清穷人。而这种体认，将引领我们去爱、去牺牲，去个别地为我们的穷人服务。因此，我呼吁我们中的每一个人，富有的人、青年与少年：伸出你们的手，在穷人身上去服侍基督，透过爱穷人而去爱主。

我们必须在爱之中成长，为此我们必须不停地去爱，去给予，直到成伤。

以非凡的爱去做平凡的小事，而你所给予的，不只是在你的生活中可有可无的东西，你也将给予你生活中不可或缺的，你不想失去的、你非常喜欢的东西。

如果我们自己也变得很穷，如果我们去爱，直到成伤，我们将能爱得更深、更美、更完满。

如果你爱到受伤了，就不会再受伤，只会从此得到更多的爱。真正的牺牲肯定要付出，会受伤，会倾我们所有。

一颗纯洁的心，会自由地给予，自由地爱，直到它受到创伤。

在现实里，国与国之间并无重大分别，因为哪里的人都是人。他们虽然面貌不同、衣着有别，他们所受的教育和社会地位也有差异，但实际上完全一样。他们全是神和我们要爱的人：他们都渴求爱。

我们不要因着施舍财物就满足。施舍财物是不够的。施舍财物容易，人们却更需要你心里的爱。所以，走到哪里，就散播你的爱到哪里。

让我们不单满足于金钱上的施予，单有金钱是不够的，贫困的人需要我们用手去扶持他们，用我们的心灵去爱他们。基督的信仰是爱，就是爱的传扬。

每个人都会按他有多少爱在上帝面前受到评审。不是按我们做过多少事，而是按我们在所做的事上投入了多少爱。

爱远方的人很简单，而爱与我们同住或就住在隔壁的人，却不太容易。我不同意好高骛远的行事态度——爱得从一个人身上开始。要去爱一个人，你必须和那人接触，和那人亲近。

每个人都需要爱。每个人都必须知道有人愿意与他为伴，知道他在上帝眼中是很重要的。耶稣说："任何事你们既做在我弟兄中最小的身上，就是做在我身上了。"他还说，"我饿了，你们给我吃；我赤身露体，你们给我穿。"所以，爱贫困者，就是爱他。当你知道上帝是多么爱你，你的生活必将散播出这种爱。

我认为上帝正透过艾滋病告诉我们某些事情，给我们一个表达爱的机会。有些人也许已经将慈爱摒弃，或遗忘，但艾滋病患者把它从他们心中唤醒。只要有爱，就已足够。

人们往往为了私心和为自己打算而失去信心。真正的信心是要我们付出爱心，有了信心，我们才能付出爱。爱心成就信心，信心与爱是分不开的。

因为每个人——不管是谁——都是由同一双慈爱的手所创造的。基督的爱永远比世上的邪恶更强大，所以我们需要爱人与被爱，就是这么简单。应该不需要经历太大的挣扎。

微笑就是爱的开端，一旦我们开始彼此自然地相爱，我们就会想着为对方做点什么。

我不是天使，不是圣人，不懂生长，不预知未来，不能使人从死里复活，不会让你们永远不累、不渴、不饿，不可阻挡罪恶。只是，我也不嫉妒，不自夸，不张狂，不做害羞的事，不求自己的益处，不轻易发怒，不计算人的恶，不喜欢不义，只喜欢真理。我只知道——爱。爱，让我们活着。

上帝赐给我们每个人的礼物是要我们互相爱戴。我们都可以用上帝的礼物做我们能做到的事情。让我们为了基督施与他人爱心吧。让我们像他爱我们一样互相爱戴，让我们用无私的爱去爱他。

不为大而爱，只为琐细的爱。从细微的小事中体现博大的爱。

我常常心系着垂死者最后的眼神，在那重要的时刻，我尽力使他们感到被爱，好让一个看似无用的生命得到救赎。

天主的工作是把爱连接起来，变成一串爱的锁链。

没有爱的工作是一件苦差事。

如果我们每个人都记住天主爱我们，并记住在他的爱里，他给予我们爱别人的机会——多半不在大事上，而在日常生活的小事上——我们的国家便会充满天主的爱。

爱、温柔、怜悯是真正的正义。没有爱的正义不是正义，没有正义的爱不是爱。

传播爱的人是十字架的背负者。注视十字架，你会看见耶稣俯首亲吻你。他张开手臂拥抱你，敞开心怀接纳你，用他的爱情围绕你。

对沉浸在爱中的人，顺服不只是责任，更是祝福。

爱，直至成伤。

你很可能发现某个你身边的人需要热情和爱。不要否定他们的需要，最重要的是让他们看到：你真心诚意地肯定他们是"人"，他们对你很重要。谁是那个"某人"呢？

爱由家开始。真正重要的不是我们做了多少，而是我们在所做的事情上，倾注了多少爱。

没有了爱，家庭便没有和乐，世界便没有和平。爱的作为，即是和平的作为。

我既不说，也不讲，只是做。未与人分享的爱是没有意义的。爱必须付诸行动，行动才能使爱发挥功能。

我要你们先在自家找出贫困者，从那里开始行爱。然后去认识认识隔壁邻居，你们知道自己的邻居是谁吗？

爱就是四季常有的果实，每个人都能伸手够到它，每个人都能够去摘它，没有任何的限制。

我们需要不止息地去爱。怎样才能使灯发光？这需要源源不断地添加灯油。对于我们这盏台灯，灯油是什么呢？那就是日常生活的点点滴滴：真诚而充满爱意的只言片语，帮助他人的念头，我们沉默、观察、说话和行动的方式。不要在你自身以外的地方去寻找耶稣，他不在你身外，而在你心里。我们要让灯始终点亮着，这样，我们就会认出他来。

我们往往过于关注生命的消极面，关注那些不好的东西。如果我们更乐意看到周围的美好事物，我们就能够使家人发生转变，并在此基础上，影响我们的隔壁的邻居，以及住在本社区或本市的其他人。我们将能够给世界带来和平与爱，而这正是我们当今世界所非常缺乏的。

如果我们当真想要征服世界，我们就不能用炸弹或其他杀伤性武器，而应该用爱来征服世界。让我们自己的生命充满着爱心和奉献，这样我们就可以征服世界了。

我们不必为了显示对上帝和邻人的爱，而做出惊天动地的大事情。我们倾注于每件事中的深切爱意，使我们的行为在上帝的眼中显得美好。

和平或战争都始于家庭。有时候，我们很难向彼此微笑，夫妻之间往往也很难彼此笑脸相待。如果我们当真想让世界和平，那就让我们从爱家人开始吧。

真正具备爱心的人首先会爱自己身边的人。我们必须爱那些离我们最近的人，爱我们的家人，并以此为起点，将爱延伸至所有需要关爱的人们。

爱远处的人很容易，但要爱我们身边的人往往并不容易。抚慰因缺乏爱而感到孤独和痛苦的家人，远比将米饭给予饥饿者更加困难。

我希望你们能找到自己家中的穷人，毕竟，你的爱必须从爱家人开始。我希望你们能给周围的人带来福音，希望你们关心隔壁的邻居。但是，你知道你的邻居是谁吗？

真正的爱能带给我们痛苦和伤害，也能带给我们欢乐。因此，我们必须向上帝祈祷，请求他赐予我们爱的勇气。

我们所说的话必须源自丰盈的内心。如果你的心灵充满爱，你就会说到爱。我希望你们的内心都充满着奇妙的爱意。不要认为真实而炽烈的爱都必然是惊天动地的。不！当我们爱人时，我们的动力应该来自我们对上

帝持久的爱。

不要追求丰功伟绩。我们必须自觉地彻底摈弃患得患失的想法，凡事都尽力而为。但是，与此同时，我们要将结果交托到上帝的手中。重要的是奉献出自我，在所有事情中都投入最多的爱。

真正炽烈的爱不会计较得失，它只是不断地给予。

为了能够关爱别人，我们需要拥有信仰，因为信仰会在我们的生活中将爱体现出来，亦即服侍他人。此外，为了能够关爱他人，我们还必须用眼睛去看，用手去触摸。因此，信仰在实际行动中就体现为：祈祷和服侍他人。两者的本质其实是相同的，都体现着同样的爱和怜悯。

我们应该反躬自问："我真的体验到爱的喜乐了

吗？"给我们带来痛苦、伤害和喜乐的爱才是真爱。因此，我们必须祈祷，乞求爱的勇气。

爱结出的果实是服侍，爱引导我们说："我想要服侍上帝和世人。"而服侍结出的果实是平安。我们所有人都应该努力让自己和他人获得心灵的平安。

我们的生命就像衣服的褶边，往往会沾上大街小巷的灰尘，但爱能够拂去这些污点。爱能够做到，也必然会做到。

记住，对我们来说，重要的是个人。为了爱某个人，我们应该要接近他/她。如果我们只关注侍奉的宏观效果，以被关爱者的数量来衡量自己的工作，我们就会迷失于人数之中，永远无法向某个活生生的人体现出爱意与尊重。在我的眼中，世间的每个人都是独特的。

帮助与奉献

谁需要我们帮助，我们就帮助谁。不管他是伊斯兰教徒，还是印度教徒。因为每个人——不管他是谁，在上帝眼中都是一样的，都是由同一双慈爱的手创造的。

我们帮助的，是那些你为他做过什么，他在某些方面仍然必须依赖别人的贫穷者。总是有人说，与其给他们鱼，还不如教他们怎么钓鱼。我们只能回答，多数接受我们帮助的人，甚至已经没有手握钓竿的力气。

我们这个世界上的资源，尤其是食物资源，是非常有限的，它属于我们所有的人，不管你是谁，都没有权利挥霍和浪费。每个人都有义务使这些有限的资源，得到更好和更有效的利用。

使人类幸福的方法有很多，减少人口，发展科技，这都是可以的。但如果人们对十字架上呼喊"我渴"的声音不予理睬，那么，任何方法都不会真正有效，甚至有可能适得其反。

感觉自己没人要，是人类所经历到的最糟糕的一种疾病。我们必须将家庭变成无尽怜悯与爱的源泉。

我上天堂不为别的，我是为了大众而上天堂，因为大众净化了我的心，我所做出的奉献可以让我安然地面对上帝了。

每当我为麻风病人洗涤伤口时，我就看到神在那人的里面。我感觉是为神在洗涤伤口。那是美得无比的经验。他们每一个人的里面，都隐藏着基督。

帮助穷人的方法其实有许多种。只要我们有一颗慷慨的心，那么我们总能找到帮助穷人的方式。

　　我希望你们所给的，不仅仅只是从剩余中拿出来的，你们要拿出一些对你们有价值的东西，拿出一些对你们来说是一种牺牲的东西；你们要放弃的，该是一些心爱的东西。那么，你们的付出也会在上帝面前有价值，你们会真正成为穷人的兄弟。

　　一切都是上主所赐，一切也都将被他取走。因此，把你所得到的与人分享，包括你自己在内。

　　忘记自我，你便找到自我。为穷人服务，乃是为人生服务。要是月球上有穷人，我也会想去。

　　善行就如熊熊烈焰，柴火越干，火焰就越为猛烈。同样，当我们的心灵摆脱了俗务的牵累之后，我们就会投入到无偿服务于他人的善举之中。

不要忘了你的弟兄与姊妹们。你所得到的,不是要让你藏为己有,而是要拿出来分享。并且,不是要从富有中拿出来分享,而是要不断给予,直到成为伤害。不在于你给出了多少,而在于你怀着多少爱去付出。

行善事的时候,我们需要有爱和辨别力。我们越有鉴别力,我们的善行就越能感化他人,与此同时,受惠者也会欣然接纳我们的善行。

假若你懂得事事为人设想,你会变得像基督,因基督有一颗柔软的心,事事为人设想。

在人生的终了,我们不会因着我们的学位,或是我们赚得的金钱,或是我们做了多少的大事被评断。我们会被以下的真理评断:我饿了,你给我吃;我赤身露体,你给我穿;我作客旅,你们留我住。任何事你们做

在最小的那个身上，就是做在我身上了。

每个生命都是尊贵的，每个都很重要，不论是生病的，还是残缺的、垂死的。我不瞻顾众人，我只照料个体。我照顾单独的人。如果我注意人群的话，便无法开始工作了。

基督存在于我们的心中，他就在我们所遇到的穷人中间。基督是我们送给他人的微笑和他人带给我们的微笑。愿我们拥有一个共同的观点，绝不使一个孩子被遗弃；无论面对什么样的恶劣环境，我们都要保持微笑。

给，直至受伤——而且要带着微笑。

我们所做的不过是汪洋中的一滴水，但我们所有的人都必须献出这一滴，即使不过是个微笑，也不要不给。

我们能做的不是大事，而是心怀大爱做小事。

到处都有可悯之人，不被需要、孤单寂寞以及不被爱，都比饿肚子还要糟糕。即便是富裕的小区都有寂寞的人，请拜访拜访他们，使他们高兴起来。

访贫时请微笑，就算你什么都给不起，你还给得起一个微笑。一个微笑不用花上一毛钱。

我永远记得这一天，我走在路上，看到水沟里有什么东西在动。我把烂泥抹开，发现那里有一个人，还有虫子在啃着他的肉。我们把他带回来，花了三个小时帮他清理干净。在这惨不忍睹的情况下，这人只说了一句话："我流浪在外，活得像个畜生。如今却蒙受爱与照顾，即将死得像个天使。"正当我们还在与他一同祷告，为他向上苍祈求，他抬头看看身边的修女说，"修女，我要回到主的身边了。"然后就往生了。他的脸上挂着一丝无比美好的微笑，我从来没有见过像那样的一丝微笑。

能看到这样一个有着高尚情操的人，真是太美好了。没有抱怨，没有咒骂，正如天使一般！这是物质贫乏但精神富足的人伟大的地方。

如果看到那个被老鼠啃着的妇女，我只是路过就走掉，我就不会是个仁爱传教修会的人了。但是我回头了，我把她扶起来带到医院。要是我没有这么做，整个社会就会瓦解。对不悦的景象产生反感是人之常情，但倘若我能正视天地最不仁的一面，我便能够成圣成仁。

一颗纯净的心就能看见上帝，我们应当在彼此身上都看见上帝。耶稣教导我们："要彼此相爱，为我而爱，为我而行爱的小事。"

行善就从今天开始，今天有某个人正在受苦受难，今天有某个人正沦落街头，今天有某个人正挨饿受冻。我们要为今天而做，昨日已逝，明日未来。我们看到有需要，就前去给予。无论如何，至少我们付出了。

只给钱是不够的，钱不是问题；应当给出你的心，去散播爱到你所行经的每个角落。

体贴亲切来自于真诚的爱，千万不要让自己忙到忘了关怀他人。

这个世界上有很多苦难——非常多的苦难。肉体的苦难是饥饿、无家可归和各种疾病造成的。但我认为，

最大的苦难是孤独，感觉不到爱，没有一个体贴他的人。我越来越认识到，所有人可能患上的最严重疾病是不被别人需要。

治疗各种疾病的患者，有多种药物和疗法。但我认为，除非伸出仁爱之手，为他们服务；奉献慷慨之心，给他们爱。否则，永远不会有任何办法治疗没有爱的重病患者。

我请求你一件事：永远不要害怕施舍。在施舍中有大快乐，因为我们得到的比给出的更多。

我经常祈求善心人士给予与金钱无关的馈赠。我们始终都能设法得到某些财物，而我所渴求的，却是馈赠时发自内心的关爱，就是去接触你的受惠者，向他们微笑，并关注他们的生活。

我也不希望你将自己闲置不用的东西送给我，相反，我希望你将自己真正需要的东西给予我。这就是所有人需要学习的功课。我们要将关爱他人的机会视为上帝所赐予的礼物。我们应该像耶稣爱我们那样，怀着纯洁无瑕的爱彼此相爱，并在彼此的友爱中，感受到喜爱和满足。

人们用很多药品和疗法来治愈各种各样的疾病。但是我想，除非我们用友爱的双手来服侍他人，怀着善良的心灵来关爱他人，否则，感到被遗弃这种可怕的疾病，这个世界永远也无法治愈。

为了保证我们能够获得喜乐，就需要有出于慈爱和善良的行为，并让这种慈爱和善良充满自己的生命。我们永远不会知道，仅仅是简单的笑容就能够带来多大的益处。

我想，那些贪爱钱财的人，那些因财富而担忧的人，其实是非常贫穷的。然而，如果这些人能够用钱财去帮助他人，他们就会变得非常富有。

慈爱比狂热、科学和雄辩能感化更多的人。慈爱所在之处，灵性生命就会迅速成长起来。当今的世界因为缺乏温柔和慈爱而迷失了道路，但我们不应该忘记，人们都需要彼此的帮助。

为人服务是我们被特许的权利，我们试着要给予一种真实而全心的服务。既然我们是在服务穷人中的穷人，若是他们有真切的需要，我们绝不会拒绝。

宽恕与祈祷

　　检视你们的心，看看是否内中欠缺对他人的宽容。如果我们无法原宥他人，何能企求上主的宽赦？

　　要记得，若是真正的悔改，诚心为之，在主的眼中，你将得到赦免。所以，祈祷自己能够原谅那些伤害过你的，或不为你所喜欢的人。宽恕他人，一如你之获得宽恕。

　　我们应当了解，为能蒙受宽恕，我们应当先宽恕人。只有在宽恕别人的前提下，才能获得平安。

　　一个祈祷的家庭，是一个幸福的家庭。如果你的家庭能够成为祈祷之家，那么，你的家庭便能够成为爱之家。如果你们能够一同祷告，那么你们便能够彼此相爱。

如果我们承认自己是罪人，需要宽恕，就会很容易宽恕他人。但如果我不承认这一点，不论谁来到我面前，我都很难开口说："我宽恕你。"

我们在静祷中收获越多，在干活的时候就可以付出越多。我们需要安静来安抚自己的灵魂。当真正的内在生命发动时，就会把动态的生命烧旺，以至熔化一切。

试着感受在一天中经常祷告的必要性，不厌其烦地祷告。祈祷能开阔心胸，致使它能容下上主亲赋的恩赐。去问，去探索，你的心灵将成长到足以接纳他，使他成为你所有。

我并不祈求成就，我求有信心。一个人一次拥有上主，就会永远拥有。

经由不断的团体分享、团体祈祷、一起受苦和一起工作，有一股强大的力量在世界中酝酿成长。

如果我们祈祷，我们就会相信。如果我们相信，我们就会去爱。如果我们去爱，我们就会服务。

祈祷者的灵魂是深度静默的灵魂。

天主是静默之友。我们在静默的祈祷中接受得愈多，愈能在生活中主动地付出，因此我们需要这种静默，让自己的灵魂深深被触动。

静默中，我们会找到新的活力与真正的合一。

热爱祈祷——在一天中常常感到需要祈祷，而且"不厌其烦"地祈祷。祈祷拓展心灵，直到它能容纳天主——他以自己作为我们的礼物。祈求他并寻找他，这样你的心会愈来愈大，大到足以接纳他，并拥有他。

沉默的果实是祈祷，祈祷的果实是信德，信德的果实是爱，爱的果实是服务。

一切从祷告开始。虽然不见得都能获得应许，但天主永远都会回应我们的祷告。神知道什么对我们是最好的。

要知道如果我们想去爱，就必须学会宽恕。和解是第一步——不是与他人和解，而是与我们自己和解。

与所有人一起为所有人祈祷和冥想，尤其是与穷人中精神最匮乏的人一起，为他们祈祷和冥想。

我们需要在祈祷中彼此相助，让心灵挣脱重轭，获得自由。我们不必做冗长的祈祷，充满爱意的短祷就足够了。此外，我们应该为那些不祷告的人祈祷。必须记住：要想拥有爱的能力，我们就必须拥有祈祷的能力。

发自灵魂和心灵的祈祷叫做默祷。我们必须记住，我们的目标是成圣，应该持续不断地努力。而要实现这个目标，我们必须每天默祷。因为它是我们灵魂的气息，没有它，我们就不可能变得圣洁。

只有通过默祷和阅读灵性书籍，我们才能培养出祈祷的能力。默祷在很大程度上仰赖于心灵的单纯，而所谓单纯，就是超越我们的身体和感觉，常常热切地渴望祈祷，并因此忘却自我。

我们的祷词应该是炽热的，因为我们的心灵燃烧着

爱的火焰。在祈祷时，要怀着十足的敬畏和信心与上帝
倾谈。不要高声喊叫，也不要沉默不语。相反，我们要
用整个心灵，虔诚地赞美上帝。我们的信念要柔和、自
然而单纯，毫无矫情之态。

如果我们不知道怎样祈祷，我们就不会去祈祷，但
是，我们必须设法让自己祈祷。要做到这点，首要的方
法就是让自己安静下来，因为倘若不能让自己的身心安
静下来，我们就无法直接面对天主。

如果我们能够认识自己，我们就会跪下双膝向上帝
祷告，然后我们才能理解爱的真谛。认识自己会让我们
变得谦卑，而认识上帝则让我们去爱世人，因此，认识
自己是我们生命中极其重要的事情。

认识自己也能够防止骄傲自大的心态，在我们受到

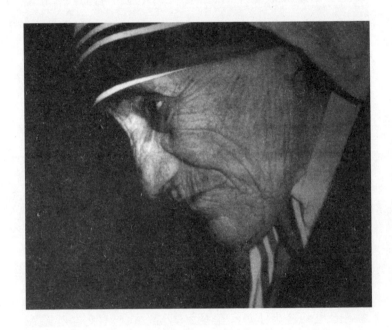

试探的时候尤其如此。我们所犯下的最大错误，就是认为自己十分强大，不会因诱惑而跌倒。但事实上，我们都是凡夫俗子，当我们将手指放在火堆上面时，手指就会灼伤。明智的做法就是避开那个火堆。

如果我们养成祈祷的习惯，我们就能具备圣德，能够爱上帝、爱己、爱邻人。而如果要具备圣德，并能够祷告，我们就需要宽恕别人的过错。但所有这些都需要谦卑的心灵，只有这样，我们才知道怎样去爱上帝、爱己、爱邻人。其实，这并不难做到，但我们却人为地添加了无数东西，致使生活变得极其复杂。所以，我们应该记住：仅仅谦卑地祈祷就足够了。我们祈祷得越多，我们的收获也就越大。

祷告时所说的言语，如果不是发自内心，那就毫无价值。华而不实的话语不仅不能将福音赐给世界，反而会让世界更加黑暗。

对我来说，祈祷意味着驱使自己的心灵转向上帝，无论在欢乐的顶峰，还是在绝望的深渊，都能满怀着感恩，因上帝的爱而欢呼不已。

当我们意识到自己是需要被宽恕的罪人时，我们很容易就能宽恕他人。而为了能够宽恕他人，我们必须先得到宽恕。如果不能理解这点，我们就很难向伤害我们的人说"我宽恕你"。

忏悔是帮助我们成就大爱的美善之举。在忏悔以前，我们是负罪的罪人，而忏悔以后，我们依然是罪人，但我们的罪却已被洁净了。

忏悔不是别的，只是行动中的谦卑。我们往往将它称为赎罪，但它事实上是爱的圣礼，是宽恕的圣礼。如果在我们和耶稣之间存在着裂痕，如果我们对上帝的爱是分裂的，任何东西都可能填满这道裂痕。而忏悔就是为了让耶稣消除我们内心的任何分裂和破坏因素。

赎罪绝对是必要的。没有什么比赎罪更能约束我们灵魂中的不当欲望，并使得我们天然的嗜好听命于健全的理性。通过赎罪，我们最终会拥有天堂般的喜乐和愉悦，这种喜乐超过了我们在俗世所获得的欲乐。

这就是谦卑，具有勇气来接受自己做过的可耻之事，并且接受上帝的赦免。我们的灵魂应该如同透明的水晶，通过它可以察觉到上帝的存在。

我们的水晶心有时会染上尘埃，为了除去这些尘埃，我们需要审视自己的良知。只要我们愿意接受上帝的帮助，他就会帮助我们除去这些尘埃。事实上，如果

我们有这种意愿，上帝的旨意就必然可以实现。

认识自我会帮助我们获得新生，而罪过和软弱则会
导致我们意志消沉。

社会与和平

现代人迷失在制度里了。

贪婪——对权力的贪婪，对金钱的贪婪，对名誉的贪婪，这是当今世界实现和平的最大障碍。

神召唤我，是要我关怀、照顾个别的人，神并没有要求我去改变社会制度。社会制度需要社会学家、政治家、经济学家去慢慢改变。但我已等不了了。神需要我去照顾那些贫困中最贫困的人。

今天对和平最严重的破坏就是堕胎。如果一个母亲可以谋杀自己腹内的亲生骨肉，还有什么比这个更可怕。

引导我自死亡走向生命，自谬误走向真理；引导我自绝望走向希望，自恐惧走向真理；引导我自仇恨走向爱，自战争走向和平；让和平充满我们的心，我们的世界，我们的宇宙。和平。和平。和平。

仁爱的事业无非就是和平的事业，让这事业在我们身上产生更大的仁爱，更大的效应，在我们每个人的日常工作中，在你们的家中，在你们的邻舍身上。

快乐与和平是我们的权利。我们为此而生——我们生而快乐——而唯有挚爱上主，我们才能找到真正的快乐与和平。挚爱上主有极大的喜悦与快乐。

我们不要用炸弹和枪炮征服这个世界，让我们用爱和怜悯。平安开始于一个微笑。每天对着你厌恶的人笑五次。为平安而笑。让我们传播上帝的平安，从而点亮他的光；让我们在这个世界上和所有人的心中，熄灭所有仇恨，熄灭对权力的热爱。让我们彼此微笑。

孩子与家庭

每个生命都是尊贵的，每个人都很重要，不论是生病的，还是残缺的，垂死的。

堕胎是发生在子宫里的谋杀……孩子是上帝的礼物。要是你们不想要的话，不要杀死他，请把他给我吧，让我来照顾他。

每一次堕胎，都意味着双重的死亡。也就是：既杀死一个婴孩，也杀死了自己的良心。

每个孩子都拥有一个至高无上的权利，那就是出生权。这个权利是上帝赋予的，任何人都不能，也不应该，从他们手里夺走。

尚未出生的小孩是穷人中最穷的人，因此他们是如此地接近上帝。在每个小孩的眼睛里，我看到了上主——我们欢迎每一个弃婴，然后，我们借由收养的方式为这些小孩找到自己的家。

我们审视一下自己的家庭生活，我们就会发现，有时家人之间相互微笑也是一件不容易的事。那么就让我们从相互微笑来开始我们爱的传播吧。所以，让我们见面时彼此微笑致意。微笑是爱的开端。一旦我们彼此有了爱心，我们就要去做一些事情。

我无法告诉你们一个孩子能为没有孩子的家庭带来什么，但是，想想看这些家庭原来是多么的冷清！从孩子走入他们生命的那一刻起，就开始撒播喜乐。

我永远记得有一个孩子三更半夜跑来敲我们的门，放声大哭说："我去找爸爸，爸爸不要我。我去找妈妈，妈妈也不要我。你要我吗？"我当然要，因为这孩

子是多么受伤啊！

我有一种坚定的信念，想要与大家分享。我认为，要培养爱德首先应该爱家人。只有当家中充满爱的时候，我们才能与左邻右舍分享爱的喜悦。这样，爱就会彰显出来，你就能够对他们说："是的，爱就在这里。"然后与身边的每个人分享爱的喜悦。

实践爱德的时候，我们首先要爱家人。我认为，我们应该在家中教育孩子们要彼此相爱，以便增强孩子们的爱心，才能在将来把这种爱给予他人。

我相信，那些没有出生，还没来得及看见天光就被杀死的孩子，他们的哭诉声会上达天庭，令上帝大为震怒。

很多人会害怕生儿育女，与此同时，很多孩子在家中丧失了他们应有的地位，因而感到极其孤寂。当他们放学回家后，没有人来迎接他们，于是他们折身返回街道上。如果你是他们的母亲，你应该去寻找他们，将他们领回家中。母亲们是家庭的核心，孩子们需要他们的妈妈，总是如影随形地跟随在妈妈身边，寸步不离。而就整个家庭来说，孩子们和母亲都渴望父亲随时留在家中。因此我想，如果我们能帮助那些失散的家庭重新团圆，我们就为上帝做了极美好的事情。

我想，当今的世界已经变得极为混乱。而世界上苦难深重，只是因为家庭生活中太缺乏爱心了。我们没有时间来陪伴孩子，来彼此关爱，也没有时间让彼此开心。正因为缺乏爱，人间才会有巨大的痛苦和不幸。

我们应该扪心自问：我们能察觉到子女们的需要

吗？我们的孩子会跟随我们回家，就像耶稣跟随他的母亲玛利亚回家那样吗？我们给予过孩子们家的温暖吗？

在当今社会，每个人都似乎极为匆忙，渴望着事业高升，财富日增。子女很少有时间来关爱他们的父母，父母也很少有时间来照顾子女，夫妻之间也同样如此。因此在这个世界上，平安首先在家中消失了。

我无法忘记我的妈妈，她经常整天忙碌不停，但是，临近日落的时候，她总是习惯于忙完手中的工作，以便准备好迎接我的父亲。当时我们并不理解，只是觉得很可笑，甚至偶尔会恶作剧。如今，我却常常情不自禁地想到我的母亲对父亲的温柔与关爱之情。无论发生什么事情，她的嘴唇上都始终挂着笑意，准备好迎接父亲的归来。

如果我们在今天帮助孩子们健康地成长，那么，到了将来，他们就会勇敢地面对生活，并怀着更深的爱意。既然践行爱德要从家庭做起，因此我认为，我们应该教导孩子们彼此相爱，而他们只能通过父母学会爱的功课。当他们看到父母彼此相爱时，孩子们就会效仿父母们。而这无疑会增加他们的爱心，这样，他们在将来就能去爱他人。

那些真诚而深挚地彼此相爱的人们，是这个世界上最幸福的人。我们在极贫穷者的身上看到了这种爱。他们爱自己的孩子，也爱自己的家人，他们或许钱财很少，甚至一贫如洗，但他们却很幸福。

如果你想要自己的家庭幸福而圣洁，那就让你的心灵充满爱吧。

耶稣与圣洁

在圣洁之路上前行，所依靠的是上帝和我自己——上帝的恩宠和我的意志。成功的第一步是把事情做成功的意志。

圣洁具有必然性，它不是少数人的专属品。并非只有过修会生活的人才能拥有，而是所有人的单纯任务。人人皆可圣洁。

乐于助人是圣洁之本。

假若你懂得事事为人设想，你会变得像基督。因基督有一颗柔软的心，事事为人设想。

为人设想是圣洁的第一步。我们的工作，要做得美妙，就要处处为人设想。

我不但要归主，而且要遵行——我要参与侍奉。我不但要信仰，而且要实践——我要身体力行。我不但要宽恕，而且要爱人——我要忘却得失。我不但要言传，而且要身教——我要感化众人。我不但要关怀，而且要挽救——我要助人为乐。我不但要梦想，而且要实干——我要广施善行。我不但要施与，而且要效力——我要服务终生。

耶稣是我深爱的那一位，我属于他并爱慕他；没有任何人和事可将我们分开。他是我的主，我属于他！

耶稣是真理，需要被宣讲。

耶稣是道路，需要被行走。

耶稣是光明，需要被点燃。

耶稣是生命，需要被活出。

耶稣是爱，需要被爱。

耶稣是喜乐，需要彼此分享。

耶稣是牺牲，为我们当祭献。

耶稣是和平，需要彼此给予。

耶稣是生命之粮，将被分食。

耶稣口渴，需要解渴。

耶稣赤身露体，需要衣物蔽体。

耶稣无家可归，需要被收留。

耶稣患病，需要被治愈。

耶稣孤苦无依，需要被疼爱。

耶稣被遗弃，他等着被需要。

耶稣是麻风病人，要清洗他的伤口。

耶稣是乞丐，给他一个微笑。

耶稣是醉汉，去聆听他。

不要上天下地去寻找耶稣，他不在那儿。他就在你心中，只要点燃内心的明灯，你就会常常看见他。

令天主喜悦的不是我们做了多少，而是在所做的事中投注了多少爱。让我们一起打造一条爱的链子围绕这世界。

让基督的光明在你心中不断地照亮，因为只有他是人应走的道路，是人赖以生存的生命，是爱的泉源。

耶稣说："像我爱你们一样彼此相爱。"这句话不仅必须是照亮我们的灯光，还必须是火焰，烧尽我们心中的自我。为了让爱永存，必须用牺牲来滋养，尤其是自我牺牲。

我们都知道上帝的存在，他爱我们，并创造了我们。我们可以转过身来，向他求助："现在请帮助我，让我成为圣洁的人，走上益人的道路，并且去关爱世

人。"圣洁并不是少数人享有的奢侈品，也不是只有某些人才能拥有它。对你、我和所有人来说，我们都可以成为圣洁的人。它并不是高不可攀的，只要我们学会了爱，我们也就会知道通向成圣的道路。

"我想成为圣洁之人"这句话，意味着我要摈弃所有不悦的事情，舍弃自我，倒空自我，不再萦心于世俗的事情。

我们应该真诚地克服困难，效法耶稣圣洁的榜样，他的心是谦卑的，他的灵是柔和的。我们从耶稣身上学到的首要功课，就是审视我们的良知，然后，爱和奉献等其余的美德就会随之而来。

如果你为人谦卑，你就能超然而淡定，宠辱不惊，因为你知道自己的真实面目；如果你受到斥责，你不会感到泄气；如果有人称你为圣徒，你也不会得意忘形。因为如果你当真是个圣徒，那应该感谢上帝；如果你是个罪人，那就应该从此悔改。

上帝对我们的美好旨意是：我们必须成为圣洁之人。圣洁是上帝赐予我们的最好礼物，正是出于这个原因，他才创造了我们。对那些充满爱意的心灵来说，顺服不仅仅是责任，更是圣洁的秘诀所在。

不要害怕。我们的生活中必然会有十字架，会有痛苦，但这正是我们极其贴近基督的心灵、能够分担其痛苦的明显标志。

当我们受到诱惑的时候，我们应该祈求上帝与我们同在。我们必然不会感到害怕，因为上帝爱我们，并肯定会帮助我们。因此，我们深深地尊重自己，尊重他人，谦恭有礼地对待和接纳所有人，但要避免过于多愁善感，或者感情出轨。

勇敢而毫无畏惧地面对任何障碍，知道凭着上帝的慈爱，万事都是可能的。

感谢上帝对我们全部的爱，他的爱无所不包，无所不在。作为回报，我们应该以充满感恩和崇敬的行为，成为圣洁之人，因为他是圣洁的。

我们的工作是鼓励基督徒和非基督徒从事爱的工作，每一件爱的工作如果全心全意去做，都将让人更接近上帝。

耶稣说："你们要彼此相爱，像我爱你们一样。"这句话不仅是照亮我们的光明，也是焚毁我们心中自私

的烈焰。为了让爱持续下去，我们必须以舍己来浇灌它。我们的灵魂原本处于黑暗之中，只有在舍弃自我以后，我们才能得到光明。同时，舍己也意味着爱，我们舍弃得越多，我们对上帝和世人的爱也就越多。

不要让任何事妨碍你对耶稣的爱。他是你的喜悦，你的力量。如果你坚信这句话，诱惑或困境也许依然会出现，但它们却无法摧毁你。必须记住，你是为了那些美好的事物而被创造出来的。

那么，我的零星生命应该是怎样的呢？它应该是与耶稣在爱中的结合，此时，上帝性和人性都完满而彻底地互相融合起来。耶稣对我全部的要求，就是让我不管自己有多么贫穷和卑微，都将自己完全交托给他。

我以整个生命和心灵来挚爱着耶稣，将自己全部交托给他，甚至包括我的罪。他将以全部的温柔和慈爱，使我成为他的"新娘"。

试着在你的生活中敬拜耶稣，单独和他在一起，你就会注意到你的生命、家庭、教区和周遭环境有所改变。

我知道要对他人伸出援手，总让人有所迟疑。只有那些为上主大爱所充实的人们，愿意去进行爱的工作。这就是未来——上主期许我们透过付诸行动的爱来服务，在被召唤之时凭借圣灵的启示来行动。

让我们在我们的邻舍中，为基督而做这样的人。让我们宣扬上帝的和平，让我们因此点燃他的灯。让我们在世上、在所有人的心中，熄灭一切仇恨和一切权欲。

我们需要让心灵洁净无瑕，以便在那些灵性最贫乏的人身上看到耶稣的存在。在他们身上，耶稣的形象被遮蔽得越厉害，我们就越需要更大的信心和虔诚，满怀着爱意地侍奉他们，在他们脸上寻求耶稣的面孔。我们需要相信，服侍灵性最缺乏者身上隐藏着的受难耶稣，是一种很大的荣耀。同时，在服侍他们的过程中，我们要乐意和他们分享我们深深的感恩和敬畏之情。

我们必须学会什么？那就是柔和谦卑。如果我们柔和谦卑，我们就能学会祈祷；如果我们能学会祈祷，我们就属于耶稣；如果我们属于耶稣，我们就能学会信仰；如果我们能信仰，我们就能学会爱；而如果我们能爱，我们就能学会侍奉。

但愿我们始终记着：在侍奉贫穷者的过程中，我们就获得了美妙的机会，能够做上帝所喜悦的事情。事实上，当我们将整个身心给予那些贫穷者的时候，我们也就是在侍奉耶稣，他就在那些黯淡的面孔之中。他会亲口告诉我们："你们为我行了这些善事。"

微笑与喜乐

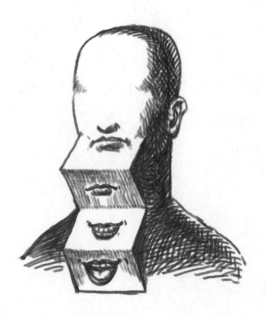

无论是谁，无论他说了什么，你都要面带微笑地接受，同时继续做你的工作。

对他人怀着爱的信任，快乐地面对所有的人。我们必须喜悦地接受苦难。我们必须怀着愉悦的信任过贫穷的生活，快乐地在穷人中的穷人之中服侍耶稣。

每一刻皆感快乐，这便足够。我们只需要每一分每一秒，其他则非我们所求。现在就快快乐乐的，假如你的行动显示出你对他人的爱，包括那些比你穷苦的人，你也将带给他们快乐。这所费不多——可能只是一个微笑，这世界将成为一个更好的地方。因此，请微笑、满心欢愉，因上主爱你而喜悦。

愉快的心通常是来自燃烧着爱火的心。不要让任何事情令你们担忧，以至忘记基督复活的快乐。

喜乐是天主的泡泡，由我们飘向他人。

让我们将甘地的教诲带回自家，把自家和左邻右舍都变成充满爱、和平与喜乐的人间天堂。唯有分享，才有丰沛的喜乐。

对彼此微笑。对你的先生微笑，对你的妻子微笑，对你的孩子微笑，对你的孩子感到满意、高兴。不论对方是谁，都要对他微笑。

我们永远不会知道，一个微不足道的微笑将产生多大的作用。

去爱，去喜乐地生活，去取悦天主而不寻求自己的喜好，这样的生活是多么美妙。

一颗充满爱的心通常会产生一颗快乐的心。喜乐不是简单的性情问题；保持快乐总是很难——因此，我们更应该努力获取喜乐，使喜乐在我们心中生长。

喜乐是祈祷，喜乐是力量，喜乐是爱。欢喜着施舍的人是最大的施主。

如果你很快乐，那么，在你的眼睛和你的表情中，在你的言谈和你的满足中，喜乐将发出光芒。你无法掩饰住喜乐，因为它流光溢彩。

喜乐有很强的感染力。因此，无论你走到哪里，总是让喜乐从你身上流出。试一试吧。

喜乐必须是我们生命中的一个枢纽。喜乐是慷慨人格的象征。有时，喜乐还是一件外套，包裹并标示做出牺牲和奉献的生命。

苦难与死亡

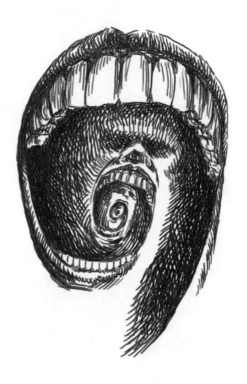

我们的生命中绝不可能完全没有苦难，因此我们不应该害怕苦难，而要正确地对待苦难，这样，苦难就能成为爱的绝妙途径，我们就可以利用苦难来致力于世界的和平。单纯的苦难自身是无益的，然而，分担耶稣在十字架上的受难，却是上帝所赐予的美妙礼物，也是爱的标志。

苦难、不幸、忧伤、羞辱以及孤独感，都是耶稣赐予我们的亲吻。它们表明你紧紧地依偎在主的身边，所以耶稣才能亲吻到你。

作为基督徒，上帝创造我们，是想要我们来成就些美好的事情。既然我们是按照上帝的形象创造出来的，我们就应该是圣洁的。因此，当某个人离开人世的时候，就意味着他回到了上帝的家园，而或早或晚，我们所有人都会回到这个家园中去。

在死亡的时候，上帝论断我们的标准，不是看我们做了多少工作，而是看我们在工作中投入了多少爱心。这种爱心应该源于我们的自我牺牲，甚至达到因爱而受伤的地步。

什么是死亡？分析到最后，死亡仅仅是回到上帝身边的最简单快速的方式。但愿我们能够让世人明白，我们从上帝那里来到人间，而最终，我们也将必然回到他的身边去！

死亡不是终点，而是起点。死亡是生命的延续，这是永生的涵义。

世上有那么多的人死于苦难之中，只是因为我们没有伸出援手。将我们可以给出的食物、衣服和爱心带给他们。

让我们了解，只有借着不断地死于自我和以自我为中心的欲望，我们才能活得更圆满；因为只有与你一起死亡，我们才能同你一起复活。

死亡可以是一件很美的事，就像回家一样。即使我们忍不住思念已故的人，然而在上主怀中安息的他不过是回家而已。这是件非常美的事，那人已回到家。

寂静与冥想

我们都应该花时间来静默沉思。特别是那些生活在如伦敦、纽约这般诸事变动迅速的大城市中的人们。许多人告诉我，在他们忙碌的生活中，是如何地难得有沉静。所以，我决定在纽约，而非在喜马拉雅山，为默观修女们开设我们的第一个家。因为我觉得，在世间的大城市中，更需要静默与沉思。

如果不能保持内心的和外部的寂静，我们就不能把自己呈现在神的面前。在寂静中，我们将找到新的能量，真正与神合一。寂静使我们看到的所有事情都面目一新。

在寂静中倾听。如果你的心中充斥了别的东西，你就听不到神的声音。但是，如果你在心的宁静中倾听神的声音，你的心就充满了神。

我们在大自然中看到寂静——树木、花朵和青草在寂静中生长。星星、月亮和太阳在寂静中运行。

心的寂静是必要的。在寂静中，你能在所有地方听到神的声音——房门的关闭、需要你的人、啁啾的鸟、鲜花和走兽。

为了可能得到真正的内在寂静，须如此修行：

眼之寂静：总是在所有地方寻求神的美和善，闭目不视他人的过失以及罪恶的、扰动灵魂的所有事情。

耳之寂静：总是倾听神的声音，倾听穷人和赤贫者的声音，闭耳不闻堕落人性发出的所有其他声音，比如流言、告密和不宽厚的话。

舌之寂静：赞美神，说主赐予我们生命的话，那些话是真理，启蒙和鼓舞我们，带来平安、希望和喜乐；克制自己，不要自我辩护，也不要说所有那些导致黑暗、混乱、痛苦和死亡的话。

思之寂静：在祷告和冥思中，思想对真理和神的知识开放，如圣母玛利亚在心中赞叹主的奇迹；避开所有谎言、困惑、毁灭性的想法、匆匆的决断、对别人的无端猜疑、复仇的念头、贪欲。

心之寂静：用我们的心、灵、理智和力量来爱上帝；像上帝爱我们那样彼此相爱；避免所有的自私、仇恨、嫉妒、羡慕和贪婪。

什么是冥想？冥想就是过耶稣的生活。我的理解是这样的：爱耶稣，在我们的生命中践行他的生命，在他的生命中践行我们的生命。这就是冥想。为了能够看见耶稣的生命，我们必须有一颗纯净的心：没有嫉妒、愤怒、争论，尤其不要有不仁慈的心。

对我而言，冥想不是把自己关在黑暗的地方，而是让耶稣在我们之中实现他的受难、爱与谦恭，与我们一起祈祷，与我们同在，通过我们净化人们的心灵。

内在的安静很难做到，但我们必须努力这样做。在静默中，我们能发现新的活力，真正与上帝融合起来。而要达到这种境地，除了祈祷、谦卑和爱德以外，别无他法。

观察大自然，我们就会发现，树木、鲜花和青春都在静默中成长，星辰、月亮和太阳也在静默中运转。我们必须意识到：我们自己所说的话并不重要，重要的是上帝对我们所说的话，以及上帝通过我们启示给其他人的话。

只有在心灵保持静默以后，我们才能在任何地方都聆听到上帝的声音，无论是在紧闭的门扉内，在需要我

们伸出援手的他人身上，在鸟儿的歌唱声中，以及在奔跑的动物中……

就我而言，我会尽更大的努力来保持心灵的静默，这样，我就能听到上帝安慰人心的话语。而上帝让我的心灵变得富足以后，我就能去安慰那些不幸的穷人。

默想是什么呢？根据我的理解，默想就是效法基督，活出他的生命来。我们必须拥有洁净的心灵，才能不嫉妒，不愤怒，不争斗，尤其是不会冷漠无情。对我来说，默想不是将自己封闭在暗室之中冥思苦想，而是让耶稣进入我们的心中，让他的受难、慈爱和谦卑在我们身上彰显出来，和我们共同祈祷，与我们同在，并通过我们来洁净世界的罪恶。

默想应该融入我们的生活当中，这意味着，上帝更看重的不是我们所做的事情，而是我们的生命本身。

　　我们不能在默想中，徒劳无益地渴盼着各种非同寻常的体验或经历，而仅仅应该对上帝怀着单纯的信心，以深切的爱和奉献请上帝来履行每天的职责，警醒守候，等待着他的再次降临。

自我与思考

就血统与出身而言，我是地地道道的阿尔巴尼亚人，我是印度公民，我是天主教修女。就我的使命来讲，我属于全世界。但就我的心而言，我完完全全属于耶稣。

我觉得我们所做的，不过是大海中的一滴水。但若少了这一滴水，海洋可能因此而略逊一分。

我们所做的其实十分微小。人们赞美我们的工作，但事实上，我们的工作对于这个世界来说，不过是杯水车薪，相对于人类无穷无尽的苦难，根本起不了什么作用。

将来不在我们手上，我们只能应付今天。不要等待领导，要自己先做，一个一个地做。

好的工作就是，事事可以联接到爱。

我对社会体制没有兴趣。对我们来说，这个人现在就需要一个栖身之所。我相信，这就是我们的职责之所在。而只要我们做好自己的那部分，其他人就会受到激发，去开拓其他的部分：改善人类的条件，帮助穷人，消灭贫穷和饥饿。

我也会愤怒，不仅如此，我常常生气。当我看到弃婴，我很生气；当我看到一个孩子生活在恶劣的环境里，我很生气；当我看到年轻的女孩在战争中被强暴，被虐待，我很生气。但是我必须宽恕，否则我怎么继续工作？我可以宽恕，但我并不接受。

有些人的生活比较富足，个中必有原因，他们肯定曾为生活奔波过。而我只会在看见他人浪费时，才会感到愤怒，因为他们在抛弃我们可用的东西。

问题的症结在于，那些富有的人对穷人处境的不理解。因为他们的无知，我们可以原谅他们。

对自我的认知以促成心灵的成长是很重要的——认识自己、相信自己，意味着你也能认识上主，相信上主。圣奥古斯丁说："首先要充实自己，然后才能奉献给别人。"认识自己便会心存谦卑。认识上主，爱即长存。

我睡去，感觉生命之美丽。我醒来，感觉生命之责任。

我们都可能为善与作恶。我们的本性非恶，每个人的内心都有善良的一面。有些人隐藏它，有些人轻忽它，但它始终是存在的。

我是一道暗淡的光吗？一道不真实的光？一盏没有接上电源、没有电流，因而放射不出光明的灯泡？你应一心一意使自己成为一道明亮的光。

人们不讲道理，思想谬误，自我中心，不管怎样，总是要爱他们；

如果你做善事，人们说你自私自利、别有用心，不管怎样，总是要做善事；

如果你成功后，身边尽是假的朋友和真的敌人，不管怎样，总是要成功；

你所做的善事明天就被遗忘，不管怎样，总是要做善事；

诚实与坦率使你易受攻击，不管怎样，总是要诚实与坦率；

你耗费数年所建设的可能毁于一旦，不管怎样，总是要建设；

人们确实需要帮助，然而如果你帮助他们，却可能遭到攻击，不管怎样，总是要帮助；

将你所拥有的最好的东西献给世界，你可能会被踢掉牙齿，不管怎样，总是要将你所拥有的最好的东西献给世界。

花时间思考，花时间祷告，花时间笑。那是力量的源头，那是世界最强大的力量，那是灵魂的音乐。

花时间游戏，花时间去爱和被爱，花时间给予。那是青春常驻的秘诀，那是上主赋予的特恩。一日光阴苦短何容自私为己。

花时间阅读，花时间和善对人，花时间工作。那是智慧的源泉，那是通往快乐之路，那是成功的代价。

花时间去行善，那是天国之钥匙。

最美好的一天？今天。

最简单的事？犯错。

最大的阻碍？害怕。

最严重的错误？自暴自弃。

万恶的根源？自私。

最好的休闲活动？工作。

最沉重的挫败？灰心。

最好的老师？儿童。

最优先的需要？沟通。

最令人快乐的事？帮助别人。

人生最大的谜？死亡。

人最大的缺点？坏脾气。

最危险的人物？说谎者。

最低劣的感觉？怨恨。

最宝贵的礼物？宽恕。

最不可或缺的？家庭。

最短的快捷方式？直路。

最使人愉悦的感觉？内心的平安。

最幸福的保单？微笑。

最有效的解决之道？乐观。

最大的满足？完成该做的事情。

全世界最强大的力量？父母。

最大的喜乐之一？拥有真正的朋友，知道有人与你同在，即便他们不一定能帮你解决问题。

世界上最美丽的？爱。

生命是一次机会，我们要知道珍惜它。

生命是一种美，我们要懂得欣赏它。

生命是一种幸福，我们要学会享受它。

生命是一个梦，我们要努力实现它。

生命是一次挑战，我们要勇敢地面对它。

生命是一种义务，我们要尽力完成它。

生命是一场比赛，我们要积极参与其中。

生命是昂贵的，我们要照看好它。

生命是丰富的，我们不能挥霍它。

生命是爱，我们要尽情享受它。

生命是一个秘密，我们要解开它。

生命是一个承诺，我们履行它。

生命是一出悲伤，我们要克服它。

生命是一次冒险，我们要敢于挑战它。

生命就是生命，我们要珍惜它。

生命就是幸运，我们要利用它。

生命太宝贵了，我们不能糟蹋它。

只要我们尽了最大的努力，就不会因失败而感到气馁。

不要让自己因挫折而沮丧。你已尽了最大的努力，这才是最重要的。

没有牺牲的精神，没有祈祷的生活，没有发自内心忏悔的态度，就无法完成我们的工作。

倾听一个无人愿意聆听的心声，是件很美的事。

舌头是向人表达关怀最快速和最可靠的方式——多为他人的好处而用它。假如你欣赏别人，你就会赞美他人。丰富的心灵会流溢于言语中。假如你的心充满爱，你会谈到爱。

我永远无法了解一个单纯的笑容所能成就的一切美善。

要仁慈宽大。不要让任何人接近你以后，却没有学到如何变得更好、更喜乐。

如果你谦卑为怀，无论是赞美或是污蔑，没有一件事会影响到你，因为你了解你自己。

人性最大的罪在于否认穷人享有人性尊严的权利，因为人衡量人之所以为人，只依他们拥有的物质作标准。

放弃怀疑和气馁，抛却我们所有的挂虑和担忧，保持彻底的心灵自由。

就我所知，最大的痛苦是感到孤单，不被需要，不被爱。最大的痛苦在于身旁没有一个人，甚或忘却了亲密和真挚的人际关系是什么，不知道被爱的意义，也没有了家人和朋友。

除非生命是为了他人而活，否则生命没有价值。

我不会将他人的东西据为己有。

未来不是由我们所决定的，我们没有权利掌控未来，我们只有今天就采取行动。

从直接的接触当中发掘，不要从书本上学习，而要从乱糟糟的人生中、到真实的人物之间、在你永远也不会忘记的情景当中学习。

让我们彼此以至诚相待，有勇气接受别人的本来面目。我们不要惊讶于他人的失败，不要执意于他人的失败；我们要看到、找到彼此的好处，因为我们每一个人都是按照上帝的形象创造出来的。

在你的行动中要仁慈。不要认为你是唯一能够高效率工作的人，不要认为你的工作值得炫耀。这种心态会使你对那些不如你的人做出粗暴评价。尽你的最大努力，相信别人也在尽最大努力。在小事上忠心尽职，因为你的力量正蕴藏在这些小事中。

在有仁慈的地方，神性增长迅速。我从来没有听说过仁慈的灵魂会迷失道路。世界迷茫的原因是缺少温情和仁慈。

能够做大事的人很多，愿意做小事的人却非常少。

在时间之初，人心已经感到有必要向上帝献祭，什么牺牲是可以接受的？对上帝子民有利地牺牲，为世界利益做出的牺牲。

我感到，我们过多地把注意力集中在生活中的负面和坏事上。如果我们更愿意看到我们周围的美好事物，我们将能够改变我们的家庭。从家庭开始，我们将改变附近的邻居，然后是住在我们街区和城市里的其他人。我们将能够给我们的世界带来平安和仁爱，这些正是世界非常渴求的。

为了我们的利益，为了所有人的利益，我敦促人们加入我们的工作。我从来不向他们要钱或任何有形的物质。我要求他们带来爱，献上他们的双手作为牺牲。当他们遇到穷人时，他们的第一个想法是做点事情。第二次来的时候，他们已经感受到责任。一段时间之后，他们感到他们属于穷人，充满了对爱的需求。他们认识到自己是谁，发现了自己能够给予的是什么。

只要我们已经尽力，就不要为失败灰心丧气，也不要因成功而骄傲自大，而是应该怀着最深沉的感恩，将荣耀全部归于上帝。

我们彼此相处时应该满怀着真挚之情，敢于面对人们的真实面目并接纳他们。不要对其他人的缺点感到惊讶，或者对此耿耿于怀。相反，应该察觉和发现每个人的优点，因为我们每个人都是按照上帝的形象创造的。我们需要记住：我们的社区并不是由已经完美的圣徒组成的，而是由正在努力成圣的人们组成的。因此，我们必须充分容忍他人的缺点和不足。

德兰修女获奖致词

感谢上帝给我们在这里聚会的机会，为我们带来诺贝尔和平奖，我想我们在这里共同用圣芳济各一章祷文来祈祷一定是非常适宜的。我们每天接受圣餐后，都要用这段祷文来祈祷，因为它适合于我们每一个人。我总想弄明白的是，四五百年以前当圣芳济各撰写这段祷文时，当时的人们一定遇到了和我们今天一样的困难，我们将这段祷文修改得更加适合今天的状况。我想在场的大多数人都已经有了这份祷文，让我们共同来祈祷：感谢上帝刚给我们机会，让我们大家今天聚在一起，和平奖的获得告诉我们，我们生来就是要为和平而生存，它也告诉我们，基督除了没有原罪外，他和我们简直没有两样，他明确地告诉大家，他给众人带来了一个喜讯。

这个喜讯就是所有善良的人所期盼的和平的愿望，

也是我们都欲得到的一颗维护和平的心。上帝是如此热
爱我们这个世界，他不惜将自己的儿子都贡献出来，当
然，这对他是件非常痛苦的事情；上帝是忍受何等的痛
苦，才将自己的儿子贡献给我们这个世界啊。然而，当
他将自己的独生子送给少女玛利亚时，她又是如何对待
基督呢？当他闯入她的生活中时，她厌恶将这个喜讯
传播给世人。当她走进她的表兄家时，这个未出世的
孩子已经在她的腹中欢跃。这个孩子便是第一个为我
们带来和平讯息的使者。他，这个名叫基督的人认识和
平王子，他把和平带给你，带给我。但是作为男子汉的
他仍嫌做得不够，他用被钉死在十字架上的悲壮行动，
来向我们表示他对我们伟大的爱，他是为你，为我，为
那些身患麻风病，为那些因饥饿而将死的人，为那些赤
裸着身体横卧在加尔各答和其他城市的大街上的穷人，
为在非洲、纽约、伦敦和奥斯陆的穷人而献身。他用他
的死来劝告我们相互同情、互相爱戴。福音书中讲得非

常清楚："像我爱你们一样去爱；像我的父亲爱我一样去爱。我爱你们。"他的父亲正是因为深深地爱着他，才把他贡献出来。我们彼此间也应该互相爱戴，应该像上帝对待他儿子那样，彼此将爱心贡献出来。如果我们说"我爱上帝，但是我不爱我的邻居"，这是远远不够的。圣约翰说："如果你说只爱上帝，不爱邻居，那么你就是一个说谎的人。"如果连每日相见，彼此接触，和你住在一起的邻居都不爱的话，那你怎么能爱一个看不见的上帝呢？所以，对我们来说，重要的是去认识爱的含义。爱是实实在在的，是痛苦的。

基督忍受了极大的痛苦来爱我们，爱使他受难。我们一定要牢牢地记住他的爱。他将自己变成面包让我们充饥，就是让我们满足对上帝的饥渴，因为我们生来就是要体验这种爱，我们生来就是要爱别人，被别人爱。基督之所以变成一个男子汉来爱我们，就是要我们尽可能地像他爱我们那样去爱别人。他故意把自己扮成一个饥饿的人、一个衣不蔽体无家可归的人、一个病人或者一个犯人，或者一个孤独的人、被遗弃的人。他对我们说："是你们拯救了我。"他渴求我们对他的爱，就如同穷人们渴求我们对他们的爱，是一样的。我们一定要了解这种饥渴，也许这样的饥渴恰好发生在我们自己的家里。

我永远也不会忘记曾经访问过的一家养老院。这家养老院里的老人都是儿女将他们送来的。尽管这里的生活用品一应俱全，甚至还有点奢华，但是这些老年人却都坐在院子里，眼睛盯着大门看。他们的脸上没有一丝笑容。我转向一位老姐姐，问她："这是怎么回事？为什么这些衣食不愁的人总是望着大门？为什么他们脸上没有笑容？"

我已经太习惯看到人们脸上的笑容，甚至那些挂在垂死的人脸上的笑容。但是在这里，我看到的是一种对爱心的祈盼。那位老姐姐对我说："这里几乎天天都是如此，他们每天都在祈盼着，盼望他们的儿女来看望他们。他们的心受到了极大的刺伤，因为他们是被遗忘的人。"瞧，这就是世上存在的另一种贫乏，被爱心遗忘的贫乏。也许这样的贫乏已经悄悄来到我们的身边和我们的家庭中。也许就在我们自己的家庭中，已经有成员感到孤独。也许他们的心已经受到伤害，或许他们处于某种焦虑不安的状态。如果有这样的事情发生，可能我们家庭中的其他成员或多或少都会有些烦恼。类似的事情是否已经存在于我们的家庭呢？如果是，我们又如何来包容那些心里感到孤独的家庭成员呢？假如你是母亲的话，你是否能宽容自己的孩子呢？西方国家最令我吃惊的，是许多男孩、女孩吸毒的现象。我总想搞明白这个问题究竟是谁造成的，为什么会出现这样的事情？我认为这个问题的答案恐怕是因为他们家庭中没有人宽容、善待他们。他们的父母也许因为工作太忙而没有时间照顾他们，可能一些年轻的父母过分忙于事务，致使孩子在街头游荡，甚至染上了恶习。我们今天在谈论和平，而这些事情恰恰都会破坏和平。

我们读《圣经》时，会读到上帝说过的一句话："即便是一个母亲遗弃了她的孩子，我也不能遗弃你们。我要将你们握在掌心里保护你们。"我们被上帝保护在他的掌心中，我们是如此地贴近他，就像是未出生的孩子蜷卧在他的掌心里。我们可以这样分析这句话，前面的部分谈到"即便是一个母亲遗弃了她的孩子……"按照常理说，这简直是不可能发生的事。然而他在后面又说："即便……我也不能遗弃你们。"这后一句尤其使我感动。这是一句深深地撼动我心灵的至理名言。

我们今天之所以能聚在这个地方，全是为了我们的父母，因为他们需要我们。如果他们不想要我们的话，我们绝不会在这个世界上生存。

我们需要自己的孩子，我们爱自己的孩子。然而还有其他数以百万计的人，他们是怎么想的呢？今天的印度有许许多多的人在关怀着孩子们的成长，而在非洲却有许多孩子正在死于营养不良或饥饿……我在此向人们呼吁，向全世界人们呼吁——"让我们夺回孩子的生命"，因为这个时代是孩子们的时代。今年是保护儿童年。今年年初，我曾经讲过，我们都为孩子们做了些什么呢？我逢人便讲："让我们在这一年里保证每一个孩子的顺利出生。我们需要那些未出生的孩子。"今天是今年的最后一天。我们是否确实做到了这一点呢？我要告诉你们一件令人震撼的事。我们用领养的方式开展了对堕胎的斗争。我们挽救了成千上万的小生命。我们通过医疗站、医院和警察局向人们发出通告："请不要虐杀孩子，我们收养这些孩子。"于是，一天中的每一小时都会有人给那些未婚先孕的妇女打电话，通知她们"请到我们这里来，我们会照顾你，我们将收养你的孩子，给孩子找一个良好的家庭"。上帝保佑，我们找到了许多需要领养孩子的家庭。此外，我们还做了一件漂亮事，我们将许多街头流浪的人、乞丐召集起来，给他们上课，组织他们按照我们的计划组成自然家庭，并收养被遗弃的小孩。

在加尔各答仅仅6年的时间里，这样的自然家庭就收留了61273个弃婴。鉴于自然家庭往往以自我约束、自我控制的方式存在，它有其独特的好处。我们对自然家庭的成员开展了"升温爱心法"的培训。这种方法既简单又易行。那些穷人通过培训，很快就知道如何去做。你想知道这些人后来怎样对我说吗？这些街头流浪的乞丐们明确地告诉我："我们的家庭是健康、团结的。无论在什么地方，我们都可以随时收留被遗弃的婴儿。"我认为如果大家都能这样做，都明白用什么方法去救助弃婴的话，上帝为我们创造的生活就不会遭到破坏。

穷人们是伟大的。他们能教给我们许多美好的习惯。有一天，一些穷人找到我们，向我们表示感谢。他们说："你们搞慈善的人是最好的人。你们帮我们制订家庭计划，教我们开展计划，因为再没有比自我约束、互相友爱更重要的事了。"他们淳朴的话是最美丽、最生动的语言。也许这些人缺吃少穿，甚至没有一个固定的家，但是他们都是伟大的人。

穷人是非常可爱的人。有一天，我们从街上收容了四个无家可归的人，其中一个人看起来情况非常糟糕。我对修女们说："你们去照顾那三个人，我来看护这个病人。"我用全部爱心和所能做到的一切去抚慰这个可怜的人。我扶着她躺在床上，她的脸上露出了美丽的笑容。她紧紧拉着我的手，感激地说了一句话："谢谢你"，然后闭上眼睛死去了。

我在她面前禁不住对自己反思。我问自己："如果把我换成她，我会说什么呢？"我可能会说："我很饿，我快要死了。我很冷，我浑身都在疼。"或者其他什么话。然而她的话却教给了我很多很多，她给了我崇高的爱。她带着安详的微笑死去了。再举一个例子：一天，我们从阴沟里救起一个人。当时他的半个身体都被蛆虫吃掉了。我们把他带到救济所，他说："我在街上过着猪狗不如的生活，但是我将像一个天使一样死去，去接受上帝的爱和呵护。"一个穷人能说出这样的话，足以看到他内心的伟大，他的品德是非常令人感动的。他临死前并没有诅咒任何人，没有说过别人的坏话，也没有去和其他任何人攀比，他就像一个纯洁的天使。这就是我们人民的伟大之所在。这也是基督为什么说："我曾经赤身裸体、无家可归、没有食物；我被人遗弃、遭人唾骂、受人冷落，是你们帮助了我。"我认为，我们不是真正的社会工作者，也许我们只是做着一些社会工作。但我们却是这个世界上真正具有深刻思想的人，因为我们每天24小时都和基督在一起，和他交流。你和我，我们大家都要将基督带到自己的家中，因为我们和家人一同生活，也应该共同祈祷。我认为，我们的家庭中不需要用暴力换取和平，我们所要做的，是相聚在一起、相互爱戴，用爱心为我们带来和平，带来欢乐，带来相互鼓舞的力量。只有这样，我们才能战胜世上的邪恶。我们要用祈祷、用我们真诚的奉献，从家庭开始，消除那些痛苦、怨恨和悲哀。我们提倡的"爱从家庭开始"并不是要看我们做了多少事情，而是要看我们在做的过程中融入了多少爱，看我们为基督做出了多少贡献。

前一段时间，我们在加尔各答遇到的最大困难，是买不到白糖。我不知道这事怎样传到孩子们的耳朵里。一个4岁的印度男孩回家后对他的父母说："从今天开始，我三天不吃糖。我要把我的那份糖给德兰修女的孩子们。"三天以后，孩子的爸爸妈妈陪着孩子来到我们这里。我之前从未见过他们。那个小男孩甚至连我的名字都叫不准，但是他非常明白是来做什么的。 他知道他想要别人分享他的爱心。

　　这些事就是使我得到爱心的感受和体会。自从我来到这里后，就一直被爱的气氛包围着，我一直沐浴在真诚理解的爱心中。在这里，无论是来自非洲的人，还是来自印度的人，都有一种融入特殊氛围的感觉，是回到自己家的感觉。我觉得，自己好像又回到加尔各答，和修女们在一起，我们是在一个真正的大家庭里。

　　我在这里要对你们讲，要你们在这里发现贫乏，发现你们家中的贫乏，然后将爱灌输到贫乏之处，从灌输爱心做起。请把这个喜讯带到你们家人那里，带到你们的邻居中去，去真正认识他们。我曾经结识了一个印度家庭，这个家庭有8个孩子。从和这个家庭的接触中，我有一些非常感人的收获。一天，一位先生来到我们的住处。他说："德兰修女，一个有8个孩子的家庭已经断炊好几天了，请帮帮他们。"听了他的话，我马上给这个家庭送去了一些大米。孩子们看到大米眼睛都睁得大大的，眼睛里还闪着兴奋的光。我不知道你们是否见过饥饿的人的眼睛，但是我太熟悉这些眼睛了。当那位母亲接过大米后，立即把它分成两份，然后就出去了。当她回来后，我问她："你去了哪里？做什么去了呢？"她简单地回答说："他们也在挨饿。"原来她的邻居是一个穆斯林家庭，这个家庭也正在受着饥饿的煎熬。所以她把我送给她的米分了一半出去。这件事深深地感动了我。但我再没有给那个穆斯林家庭送过米。这样做的原因，是我想让她们分享相互帮助的快乐和美好。家庭中的孩子们从母亲那里得到快乐，他们和母亲共同享受着生活的乐趣，因为他们有母亲的爱。你瞧，这就是爱的发源地，爱的源头出自家庭。

我们都应该为我们这个世界上有这样的人感到欢乐。我将于15日返回印度，那时我要把这里的经历带回去，把你们的爱带回到印度去。

我很清楚，在座的各位做不到将家产倾其所有去布施穷人，我们也不需要大家这样做。我们希望各位，尽你们所能来帮助我们的事业。令我惊喜的是，穷人家忍饥挨饿的孩子虽然过着难挨的日子，但是他们还是一样欢乐，而且把欢乐带给他们的父母。对于我们来说，身为人之父母，我们不仅要满足孩子们生活的必需品，而且还要给予他们极大的爱。

让我们感谢上帝赋予我们这个机会，使我们大家相聚在这里，是我们共同的语言把我们紧紧地连结在一起。我们将共同携手去帮助全世界的儿童，因为我们的修女已经遍布世界各地。我将用获得的和平奖奖金为无家可归的人建立一所救济院，将爱心从这里不断地延伸。我们一定要把和平传给世人，让他们理解我们的爱。要让所有贫穷和贫乏的人都知道这个喜讯，把这个喜讯传到自己的家中，传到我们的国家和整个世界。要做到这一点，我们的修女，我们所有的人都要不断地祈祷。我们用祈祷和上帝交流，以此达到相互理解和共识。我相信，我们一定能够让全世界都了解慈善会的工作和热情，并让我们唤起全世界人民的热情，共同分担世界上贫苦人民的疾苦。我感到，这件事在贫困国家中容易做到，但是在西方国家，我们还有许多问题有待解决。

我在大街上遇到穷人时，会给他一碗米饭或一片面包，我有一种满足感，因为我已经尽了责任，我帮他解除了饥饿。但是对他而言，他是一个无家可归、被社会的大门所拒绝、被遗弃、遭唾骂、受威胁的人，这样的贫穷对他来说是伤害最大的，也是我们使他们摆脱贫穷最难做的事情。我们有许多修女在西方国家正在从事这项工作。

请你们为我们祈祷，将我们所开展的事业的喜讯传到各个地方。我们需要你们这样做。你们应该在自己的国家里逐渐了解贫困和贫乏的人，也许我们在座的各位并不为生活发愁，但是如果我们审视一下自己的家庭生活，我们就会发现，有时家人之间相互微笑也是件不容易的事。那么就让我们从相互微笑来开始我们爱的传播吧。

所以，让我们见面时彼此微笑致意。微笑是爱的开端。一旦我们彼此有了爱心，我们就要去做一些事情。请为我们的修女、为我、为我们的修士和分布在世界各地的教友们祈祷。为我们全身心地信仰上帝交给我们的使命祈祷，为你我共同热爱上帝、侍奉上帝、扶助穷困祈祷。如果你们不能和我们共同承担这个使命，恐怕我们的事业也不能很好地发展下去，但是我并不想看到你们倾家荡产。我只要你们尽其所能。

前几天，我从一个瘫痪20年的病人那里收到15美元的捐款。这个人全身能活动的部分只有右手。他唯一的嗜好是吸烟。这个人对我说："我一星期没有吸烟，现在我把省下来的钱交给你们。"这样的贡献对他来说一定是经历了非常痛苦的煎熬，但是他为分担拯救贫困人们的行动是多么壮丽啊。我用这笔钱为那些正在挨饿的穷人们买了面包，使捐赠者和接受捐赠的人都感到非常快乐。

上帝赐给我们每个人的礼物是要我们互相爱戴。我们都可以用上帝的礼物做我们能做到的事情。让我们为了基督施与他人爱心吧！让我们像他爱我们一样互相爱戴！让我们用无私的爱去爱他！让我们在圣诞节即将到来之际为基督、为我们彼此献出我们的爱！

让我们的心中保持对基督的爱，和所有我们接触过的人共同分享他的爱。传播到大众中间的欢欣是实实在在的，因为我们和基督在一起，没有什么理由不使我们欢欣鼓舞。基督存在于我们的心中，他就在我们所遇到的穷人中间。基督是我们送给他人的微笑和他人带给我们的微笑。愿我们拥有一个共同的观点，决不使一个孩子被遗弃；无论面对什么样的恶劣环境，我们都要保持微笑。

我永远不会忘记不久前的一件事。有14位来自美国不同大学的教授来到加尔各答，参观我们的救济院。在交谈过程中，他们谈到了对刚刚参观过的一家临终慰藉所的感受。（我们在加尔答开设了一家临终慰藉所，从街头收留过36000人，其中18000人安详地死在临终慰藉所里，他们已经回到了上帝的家园。）其中有一位教授问我："德兰修女，请给我留下一句让我永远难忘的话。"我对他说："彼此微笑保持家庭的和谐气氛，彼此和睦相处。"

另一位教授问我："你结婚了吗？"我说："是的。我有时感觉面对基督微笑是一件很难的事情，因为他耗费的精力太多了。"耗费精力多的地方，就是爱的发源地。即便如此，我们也应该将我们的欢乐送给他。

正如我今天所讲过的，我上天堂不为别的，我是为了大众而上天堂，因为大众净化了我的心，我所做出的奉献可以让我安然地面对上帝了。我认为，我们一定要为美好的生活而生活。我们和基督同在，因为他爱我们。我们只要记着上帝是爱我们的，我们就会像他爱我们那样去爱他人。不为大而爱，只为琐细的爱。从细微的小事中体现博大的爱。我们要以挪威为中心，将爱传播到整个世界，让战争远离我们。如此，那些待出生的婴儿就会欢叫着来到人间。我们把自己变成传播世界和平的火种，挪威的诺贝尔和平奖将会真正是献给和平的厚礼。

愿上帝保佑你们。

1979年12月10日

向德兰修女学习（代后记）

德兰修女走了18年了。

但世界各地的人们，尤其是那些被她关爱过、服侍过、帮助过的穷人却深深地想着她，念着她。

书店里依然热销着关于她的各类书籍，网络上依然传播着她的经典语录。

英国女王伊丽莎白二世说："对于那些曾经为她的无私奉献而感动的人来说，德兰修女将永远活在他们心中。"

我也是一个为德兰修女的无私奉献而感动的人。

当我走进她的世界后，我曾很多次地泪湿双眼，掩卷沉思。

我会不请自荐地向人谈起德兰修女，即便是置身公对公的业务洽谈，抑或是朋友聚会的酒局之上。

不谈德兰，有如鲠在喉之痛。

她是那样的瘦小，以至她走上诺贝尔和平奖讲台开始受奖演说时，人们努力抬头，也只能看到她那张苍老的、皱纹纵横的脸。

而她又是那样的高大。1985年4月，《美国新闻与世界报道》杂志在青少年中举行了一场规模很大的问卷调查，调查的题目只有一个：当前世界上你最崇拜的人物是谁？青少年们选出了9位他们"最崇拜的人物"——其中6位是娱乐界赫赫有名的顶级明星，一位是当时的美国总统里根，另一位是罗马教宗约翰·保罗二世，还有一位就是她——德兰修女。

她创建的仁爱传教修女会有4亿多美金的资产，世界上最有钱的公司都乐意无偿地捐钱给她。她的组织有7000多名正式成员，组织外还有数不清的追随者和义工。她与众多的总统、国王、传媒巨头和企业大亨关系友善，并受到他们的敬仰和爱戴……

可当她去世时，人们看到她所拥有的全部个人财产，就是一张耶稣受难像，一双凉鞋和3件滚着蓝边的白色粗布纱丽——一件穿在身上，一件待洗，一件已经破损，需要缝补。

这就是德兰修女。

她的一生都在为病人、被遗弃的人、没人关怀的人、流浪的人、垂死的人以及那些内心饥渴的人——这些穷人中的穷人服务。

她把她的一生献给了穷人中的穷人。

她怀着非凡的爱，却做着最微小的事情。

她用她的一生，践行并诠释着她的心声：给，直至受伤——而且要带着微笑。

今天的社会需要更多像德兰修女这样的人。

今天的人们更需要向德兰修女学习。

花费时间，投入精力，从众多的关于德兰修女的书中摘录、编选、分类、整理成这本《德兰修女嘉言录》，其目的就是为此。

感谢华姿，是她所著并送我的《德兰修女传》，坚定了我编好这本书的信念。

感谢于辉，在我编选的《克里希那穆提哲言录》出版后，鼓励我继续编选更多的同类选本。

感谢南松和勾特，为本书做了精美的设计和插图。

感谢丹娜，她做过《克里希那穆提哲言录》的责任编辑，让我看到了她的认真负责和精益求精，这本书依然由她做责任编辑，我没有什么不放心的。

郭良原

2014年12月8日于深圳三弄斋